Il faut que tu saches...

© 2015, Celia Lilo Barrnord
Edition : BoD - Books on Demand, 12/14 rond-point des Champs Elysées, 75008 Paris
Impression : BoD - Books on Demand GmbH, Norderstedt, Allemagne
ISBN : 9782322015757
Dépôt légal : Mars 2015

Célia Lilo Barrnord

IL FAUT QUE TU SACHES …

Recueil de poésie

Il faut parfois pourchasser ses rêves,
car les suivre n'est pas toujours suffisant
Ne pas s'accorder de trêve,
tant qu'ils ne sont pas vivant.

A toi, Mon fils, à qui je donnerais ma vie;
tu es ma joie, ma raison d'être et ma raison de vivre.

A ma petite maman chérie, tu me manques.

J'ai l'impression que « Bientôt » est une éternité
Et que « Demain » ne viendra jamais.

Tu me sembles si loin, tu es pourtant si près.

Alors ce soir, j'ai le cœur retourné,
Il commence à s'impatienter.

Doucement, j'aimerais m'installer,
Auprès de toi,
Ne plus y penser,
Sentir tes bras autour de moi.

Les mots sont si faciles à écrire
Et je voudrais pouvoir te le dire.

Cette histoire hante mon cœur.
Oh ! Je souhaiterais le poser dans tes mains
Et tout en douceur,
Un peu plus près de « Demain »,
Rester et attendre qu'il soit l'heure.

Je ne saurais le dire,
Au fond de moi,
Il y a ce doux désir.

Être auprès de toi,
Ne plus penser,
Vaincre mes peurs
Insensées
Et rester.

Dans tes bras
Enlacée.

T' embrasser
Oser
Il est temps de s'aimer…

COUP DE COEUR

L'autre jour je t'ai entendu jouer,
Une mélodie magnifique.
Discrète, je t'ai écouté
Jouer cette belle musique.

La mélodie de cette musique me transporte,
Me rappelle un endroit magique
Et elle m'emporte

A présent,

Je m'envole a chaque fois
Que tu joues ce morceau
Et j'adore voir tes doigts
Parcourir le Piano.

DOUCEUR

Juste un peu de douceur,
Juste un peu de bonheur,
Qui s'ouvre à moi.

Plus jamais de malheur,
Plus jamais de douleur
car tu est là.

Juste un peu de douceur
Que ta main me donne,
Un zeste de bonheur
Que l'amour nous fredonne.
Juste un peu de …

C'est tout ce que je veux.

LE BONHEUR

Le bonheur, c'est de penser à toi le matin juste en me réveillant.
Le bonheur, c'est tes lèvres qui se posent délicatement sur les miennes.
Le bonheur, C'est d'être dans tes bras.
Le bonheur, de te regarder.
Le bonheur, c'est le son de ta voix.
Le bonheur, c'est d'être avec toi.
Le bonheur, quand j'écoute ton cœur qui bat.
Le bonheur ,quand tu me prends la main.
Le bonheur.,c'est de t'aimer si fort …

DOUCE

Je passe ma main dans tes cheveux,
Mes yeux rencontrent tes yeux,
Tes mains se posent sur mes reins,
Ton regard ne quitte pas le mien,
Il m'arrive quelque chose qui dépasse toute ma réalité,
Je ne peux, je n'ose, te dire cette douce vérité.

PELAHUESO

Je n'aurais pas fais mieux,
Pour décrire les sentiments
Qui naissent au fond de mes yeux
Et de mes rêves incessants.

Je n'aurais pas fait mieux,
Pour parler des ouragans
Que tu éveilles aux creux,
De mes rêves entêtants.

Je n'aurais pas dit mieux,
C'est toi qui a raison,
On voit au fond de mes yeux,
Tu es une obsession.

Je n'aurais pas dit mieux,
Ma douce déraison,
Tu es ce que je veux,
Ma petite obsession.

Mon Pelahueso,
Ma démesure,
Mon excentricité,
Ma douce rupture,
Ma réalité.

Avec le temps, la blessure s'effacera,
Ton visage ne sera qu'un lointain souvenir.
Mon amour pour toi disparaîtra
Et mon cœur cessera de souffrir.

DANS LA PEAU

Je t'ai dans la peau, je t'ai dans le sang.
Tu es le plus grand mal de mon corps souffrant.
Ma plus grande obsession.

Tu es le venin qui coule dans mes veines
Qui transforme cet amour en haine,
Ma plus grande Prison.

Déchirant mon âme jusqu'à la démesure.
Mes combats nocturnes, j'ai besoin d'une trêve.
Je ne supporte plus cet amour sans mesure.

Hurlant mes sentiments, jusqu'à en crever.
Tu hantes mes rêves,
Jusqu'à déchirer …

Mon âme

Je t'ai dans la peau, je t'ai dans le sang
Secouant mon corps sans aucune mesure,
Ton venin coule doucement,

Ouvrant de nouvelles blessures.

Puis ton souvenir s'effacera,
Peut être même,
Que je finirai par me convaincre,
Que tu n'existe pas,
Que tu n'étais qu'un rêve ...

Un peu bancal parfois
Et de travers, je crois
Mais saches que je t'aimais.

Un peu bancal parfois
Et de travers, je crois
Mais saches que tu comptais.

CENSURE

Ne t'approche pas d'aussi près
Car mon cœur se serre
Je ne veux pas te résister
Mais il faut bien le faire.

Quand tu effleures ma peau,
Accidentellement, c'est dure,
Mon cœur fait des sursauts,
Alors rien n'est plus sûr.

Je ne suis que la prisonnière,
De ce sentiment charnel,
Je n'en peux plus, j'ai besoin d'air,
Le pire est que je t'appelle.

Prends moi dans tes bras,
Pousse moi contre le mur,
Tu peux faire mieux je crois,
Il n' y a pas de censure.

Embrasse moi jusqu'à mourir,
Jusqu'à mourir de plaisir,
Prends moi, tiens moi,
Je ne pense qu'à ça.

Quand je m'approche de toi,
J'ai le cœur qui se serre,
Je sais qu'il ne faut pas
Mais je ne peux rien y faire.
Je voudrais sentir ta peau,
Effleurer doucement tes mains,
caresser ton dos
et me perdre en chemin.

Je ne suis que la captive,
de ce désir insoutenable,
Je n'en peux plus, je suis hâtive,
Le pire est que c'est agréable.

NE ME REVEILLE PAS

Je ne veux pas que ça s'arrête,
Reste près de moi,
Non, je ne suis pas prêtes,
Ne me réveille pas.

Dans tes bras je me sens bien,
Je n'ai qu'à fermer les yeux,
Je sais qu'il n'en est rien
Mais c'est un peu mieux.

Pres de toi c'est différent,
Je te rencontre en rêvant,
Près de toi c'est beaucoup mieux,
Ce n'est possible qu'en fermant les yeux.

C'est un peu comme si,
Nous étions toi et moi,
En rendez-vous de nuit,
Quand je rêve de toi.

JE VOUDRAIS ETRE ….

Je voudrais être un poème,
Une douce mélodie,
Être une chanson bohème,
Une jolie poésie.

Je voudrais être un piano,
Pour devenir ta musique,
Tes doigts glissant sur ma peau,
Devenir ton harmonique.

Je voudrais être un papier,
Pour devenir ton roman,
Le stylo, que tu fais danser
Qui ferait de nous, des amants.

Je voudrais être, un parchemin,
Une déclaration d'amour,
Une belle histoire sans fin,
Qui ne verrait jamais le jour.

Je voudrais être une photo,
pour apercevoir ton âme
Et te voler un morceau,
Lorsque coulerai tes larmes.

Je voudrais être un pinceau,
Pour devenir ton œuvre d'art,
Sentir tes mains sur ma peau,
Être ta plus belle histoire.

Je voudrais être tous les possibles,
Dans ton univers abstrait,
Devenir ton indéfectible,
Sans lequel, tu ne pourrais respirer.

7700 KILOMETRES

Sept mille sept cent kilomètres,
Nous sépare,
Sept cent soixante dix mille mètres,
Comme rempart.

Si il n'y avait pas cet océan,
Aurions-nous pu être amants ?
Si je n'étais pas née ici,
Aurions-nous pu être amis ?

Il paraît que le monde n'est pas si grand,
En quelques secondes, en quelques instant,
Tu pourrais savoir qui je suis,
Tu pourrais entrer dans ma vie.

INAVOUABLE

Je sais que c'est insensé,
Quand tu plonges tes yeux
Dans les miens.
Je ne peux pas m'empêcher,
D'y penser un peu
Je n'y peux rien.

As-tu vu dans mon regard
Ce désir insoutenable?
Est-ce que tu as pu le voir?
Est-ce que c'est inévitable?

Je sais que c'est insensé,
J'imagine tes mains
Sur ma peau.
Je ne peux pas résister,
J'imagine mes mains
sur ton dos.

As-tu vu dans mon sourire
Ces douces pensées secrètes?
Est-ce que tu pourrais me dire?
Si je dois les faire disparaître?

FLEUR SAUVAGE

Il pleut sur mon visage
Et cette jolie fleur sauvage,
Se couche sur ton passage
Comme un soir d'orage.

Je ne peux pas détacher,
mon regard de tes yeux.
Je suis comme envoûtée
Et je me plie en deux.

Se dessine sur mon visage,
L'effet de ton passage,
se couche sur ton sillage,
Cette petite fleur sauvage.

Du bout de mes lèvres,
J'appel alors ta bouche,
C'est un jolie rêve,
J'attends qu'elle me touche.

On peut voir sur mon visage,
Cette jolie fleur sauvage,
Qui reste après ton passage,
figée telle une image.

Je voudrais de mes doigts,
Doucement parcourir ta peau
Et tracer une voie,
Jusqu'au creux de ton dos.

Il pleut sur mon visage,
Comme un soir d'orage,
Un désir qui fait rage
Et qui me met en cage.

LA CORDE AU COU

Il y a peut-être un moyen,
De te faire changer d'avis,
Je te demanderai ta main,
tous les lundis, tous les jeudis,
Je t'aurais peut être à l'usure,
tu finiras par me dire OUI.

Il y a peut être une chance,
De te faire changer d'idée,
Pourquoi tant de réticence ?
Cela ne dure qu'une journée,
Je t'aurais peut-être à l'usure,
Tu finiras par m'épouser.

Je veux mon rêve de princesse,
Je veux mon château, ma calèche,
Alors il faudrait que tu cesses,
ton petit jeu qui m'en empêche.

Il y a peut-être un moyen,
De faire tomber les tabous,
Pour que tu prennes le chemin,
Qui te mènera jusqu'à "nous".

Je t'aurais peut-être à l'usure,
Tu finiras la corde au cou.

ELLE ME VA BIEN

J'aime quand elle glisse sur moi,
Quand elle s'accroche à mon cou,
Peu m'importe si quelque fois,
Elle me semble légère, je l' avoue.

J'aime le regard que vous avez,
Quand elle est plaquée sur mon corps
Car dans vos yeux j'ai deviné,
Une folle envie de l'enlever.

Elle me va bien, quand sur ma peau,
Elle se colle et me dessine,
De belles lignes,
Sans défaut.
Elle me va bien mais de ma peau,
Elle s'éloigne quand viens le soir,
De mon cou jusqu'à mon dos,
Ivre de belles histoires,

J'aime sa façon particulière,
de me rendre irrésistible,
de vous donner de quoi faire,
des rêves imprévisibles.

J'aime les sourires qui se dessinent,
Sur les visages quand je passe,
C'est fou, comme elle vous fascine,
Collée à moi, dans votre espace.

Elle me va bien, quand sur ma peau,
Elle se colle et me dessine,
De belles lignes,
Sans défaut.
Elle me va bien mais de ma peau,
elle s'éloigne quand vient le soir,
De mon cou jusqu'à mon dos,
Ma jolie petite robe noire.

J'entends les battement de ton cœur
A travers le mien.
Un moment de douceur
Qui m'appartient.
Rien ne peut décrire,
Ce moment de bien-être,
Dans mon cœur tu respires,
J'ai hâte de te connaître.

TU DEVAIS ARRIVER EN AUTOMNE

Tu vas arriver bien avant l'heure,
Avec presque deux mois d'avance,
Je ne sais pas pourquoi j'ai si peur,
De faire ta connaissance.

Tu devais arriver en automne
au moment où les feuilles dorées,
tombent en farandoles
sur les chemins mouillés.

Tu seras là dans quelques instant,
Une question de minutes maintenant,
J'entends ton cri qui résonne,
Je t'aperçois mon petit homme.

Tu est là, endormi dans mes bras,
Je t'attendais depuis si longtemps,
Sois tranquille ne t'inquiète pas.
Je suis là, mon petit combattant.

QUAND....

Quand tu m'apprends par cœur,
Je vois dans ton regard,
Cette petite lueur,
Ce tout petit espoir.

Quand j'entends tes sourires,
Je vois sur ton visage,
Ce que tu ne peux pas dire,
Ce tout petit message.

Quand ta petite main,
Se pose sur ma joue,
Je ne vois plus rien,
Il n'y a plus que nous.

IL FAUT QUE TU SACHES

C'est pour toi que je respire,
Tu es mon seul navire,
C'est pour toi que je me bats,
Que je hisserait le mât.

Je te donnerais ma vie,
Je traverserais les océans,
J'inventerais des dieux aussi,
Pour te protéger mon grand.

Il faut que tu saches,
Je ferais n'importe quoi,
Je perdrais la face,
Si jamais tu t'en vas.

Et dans ce monde anéanti,
Je pourrais m' arracher le cœur,
Car tu es celui qui
Fabrique mon bonheur.

Pour toi j'inventerais un monde,
J'irais même au bout de la terre,
Je serais là chaque seconde,
Je deviendrais ton univers.

Je te donnerais mon sang,
Pour qu'il alimente tes veines,
Je me donnerais au néant,
Si ça peu soulager tes peines.

TU ES....

Je te regarde dormir,
J'essaie d'imaginer,
Un peu de ton avenir,
Je suis si effrayé.

Je te regarde grandir,
Mais toujours apeurée,
Si tu devais partir,
Sûr que je te suivrais.

Je te regarde jouer,
Et là, je m'extasie,
Des tous petits progrès,
Que tu fais aujourd'hui.

Tu es ma raison,
d'être, de vivre, d'exister...

MUSE

Parfois vient s'asseoir près de moi,
Une muse qui me parle tout bas.
Elle m'en dit toujours trop,
Je ne sais quoi écrire.
Tout ce qu'elle murmure est beau,
Je ne peux le décrire.
Elle m'entoure de ses bras,
Me fait voir la lumière,
Elle guide mes doigts,
Me parle d'hier,
Et fredonne parfois,
De douces prières.

CONTE

Je ne vis que dans les rêves,
Des enfants, je suis comme une trêve,
Comme un paradis
L'imaginaire, c'est mon pays.

Mais tu ne peux pas m'atteindre,
Si tu ne crois pas en moi
Et tu ne peux pas me voir,
Si ton cœur n'y crois pas.

Il te suffirait juste, de m'imaginer,
Pour qu'alors je puisse exister.

Je ne vis que dans tes pensées,
Dans les rêves, et les livres d'histoires,
C'est la magie des contes de fées
Que l'on te lit chaque soir.

POURSUITE

Je pourchassais mes rêves,
Les suivre n'était pas suffisant,
Sans aucune trêve,
Je voulais les sentir vivants.

Je fermais les yeux,
Alors je les apercevais,
Je courais après eux,
Pensant pouvoir les rattraper.

Je rêve sans cesse,
Je ne sais pas m'arrêter,
Les voir s'éloigner me blesse,
Devrais-je abandonner ?

J'ai vécu ma vie dans les rêves,
Fuyant le monde à toute allure,
Faut-il enfin que je me lève?
Que je laisse tomber mon armure ?

Si tu me demandes de choisir,
Alors je choisirais mes rêves,
Sans eux, je pourrais mourir,
Mettre mon cœur en grève.

TOUS LES MAUX DES MOTS

Chaque mot compte aujourd'hui
Et les maux comptent aussi.
Chaque mot que j'écris,
N'efface pas les maux que je vis.
Chaque mot plein de rancœur,
Ressemble aux maux de mon cœur.
Chaque mot que je pleure,
N'efface pas les maux, les douleurs.
Chaque mot que je nomme,
Ressemble aux maux qui m'assomment.
Chaque mercurochrome
N'efface pas les maux hématomes.
Chaque mot que je laisse,
Ressemble aux maux qui me blessent.
Chaque mot qu'il me reste,
N'efface pas les maux de tristesse.

MAMAN,

Est-ce que tu peux m'entendre ?
Est-ce que tu peux me voir ?
J'aimerais seulement comprendre,
J'aimerais tellement savoir.

Je te vois dans mes rêves,
Je peux même te parler,
Est-ce comme une trêve?
Est-ce une réalité?

Je te cherche souvent,
Dans le regard des autres,
Je t'aperçois seulement,
Mais tout me semble faux.

Est-ce que tu peux m'entendre ?
Est-ce que tu peux me voir ?
J'aimerais seulement comprendre,
J'aimerais tellement y croire.

Ta mort reste abstraite,
Je ne la conçois pas,
Je ne suis pas encore prête,
Je ne réalise pas.

Je parle souvent de toi,
C'est mon unique armure,
Qu'ils comprennent ou pas,
Faire ainsi me rassure.

Est-ce que tu peux m'entendre ?
Est-ce que tu peux me voir ?
J'aimerais seulement comprendre,
J'aimerais tellement savoir.

Les maux que tu décris,
Envahissant ton corps,
Te volant ta vie,
T'emmenant vers la mort.

Alors sur mes joues,
Coule un torrent de larmes,
Mon corps se secoue,
De spasmes qui me désarment.

Reste, je t'en prie, reste,
Je ne supporterai pas ton absence.
Reste, je t'en prie, reste,
Je ne supporterai pas ton silence.

Je ne serais plus la même,
J'aurais le cœur brisé,
Si la mort t'emmène,
dans son éternité.

.... Mais mon chagrin ce lit,
Sur chacun de mes traits,
Dans chaque mots que je dis,
Dans chaque pas que je fais ....

DEUIL

Je cache mon cœur,
Dans le creux de ma main,
Sèche mes pleurs,
Dissimule mon chagrin
Mais au fond de mon âme,
Je hurle, je crie
Et coulent mes larmes,
Sur ton corps endormi,
J'imprime ma mémoire,
De nos beaux souvenirs,
Me rappelle tous les soirs,
Que tu as dû partir.

AME BRISEE

J' ai l'impression que le temps s'est arrêté,
dès lors que ton cœur a cessé de battre.
J'ai l'impression que mon âme s'est brisée,
dès lors que tu as rejoins l'espace.

Alors je voudrais mourir juste un instant,
Seulement pour connaître ta nouvelle maison.
Alors je voudrais mourir juste le temps,
de t'apercevoir à l'horizon.

J'ai l'impression que le temps s'est arrêté,
Des lors que tu as fermé les yeux.
J'ai l'impression que mon âme s'est brisée,
Depuis que tu nous as dit adieux.

ILLUSION

Je la vois,
C'est souvent elle,
Qui apparaît dans le miroir,
A travers moi,
Je ne vois qu'elle,
Je me raconte des histoires,

Chaque fois, je me rappelle,
Je ne peux pas la rattraper,
Je ne peux plus courir vers elle,
Je ne peux pas m'envoler,

Je suis sans aile,
Je reste là,
Et je l'appelle,
Elle n'est plus là,

Je suis sans elle,
Elle est parti,
Je me rappelle,
Que c'est fini.

LA MORT...

Pour ceux qui reste là,
Ne fermant pas les yeux,
Pour ceux qui ne meurent pas,
L'enfer c'est ça mon dieu!

Ceux qui hurle en silence,
Maquillent leur visage,
D'un sourire de convenances,
Pour les gens de passage.

Mais quand le soir arrive,
Les spectateurs s'en vont,
Tout par à la dérive,
Le maquillage fond.

Pour ceux qui reste là,
planté dans le décors,
Ceux qui ne s'en vont pas,
Qui vois passer la mort.

...des autres
C'est ça l'enfer...

PROFUSION DE MOTS

Je ne mange pas,
J'ai besoin d'un stylo,
Tu m en prêtes un ?
Je me nourris de mots.

Je n'ai pas faim,
Laisse-moi me relire.
Tu comprends rien,
J'ai juste envie d'écrire.

Les mots m'envahissent,
Je ne les retiens pas.
Mais j'ai peur qu'ils trahissent,
Les maux au fond de moi.

Je me sens bien,
Ne t'en fais pas pour moi.
Les mots me font du bien,
Quoi? Qu'est-ce qui ne va pas ?

J'ai des tas de mots dans la tête,
Laisse moi les noter quelque part.
Il y a cette mélodie qui s'entête,
Ne t'inquiète pas je ne me coucherai pas tard.

J'ai besoin de tout écrire,
J'aurais tout oublié demain.
Avais-tu quelque chose à me dire ?
Tu es sûre rien?

COEUR SILENCIEUX

Ma vie de nouveau s'efface,
Je sens mon cœur se fendre,
Se brise et se casse,
Je perds pied et je tremble.

Prise de violents sanglots,
Je hurle mon désarroi,
Personne n'entend, ne voit,
Mon cœur en petits morceaux.

Je reste pourtant,
la même qu'autrefois,
Si fragile enfant,
Qui de nouveau se noie.

Mes yeux crient au secours,
Quand mon âme se tait,
De mots je suis à cour,
Mon cœur reste muet.

Attrape moi mon amour,
J'ai peur et j'ai froid,
Je tremble moins d'amour,
que mon cœur d'effroi.

NEANT

Néant !
Tu as osé
Venir troubler ma vie,
Qui n'as plus de sens et qui part dans l'oubli.

Néant !

Tu as volé mon soleil,
Tu m'as privé de l'étincelle,
Qui restait dans mon cœur
Et tu m'as arraché au bonheur.

O ! Néant !

Tu t'es acharnée,
Mon âme tu as brûlée,
Jusqu'à la consumer.

Néant !
Tu n'as fait de moi qu'une bouchée,
Dans la peur je me suis réfugiée,
J'ai déclaré forfait.

Néant !
Tu m'as dépossédée,
Du bien-être que j'avais.

Néant,
Je te promets,
Un jour, je t'aurais...

Si....

Si ton cœur se déchire,
Si ton âme pleure,
Il faudra leur dire,
Toute ta rancœur.

Avec tact et tendresse,
Leur avouer ta tristesse,
Sans croc, sans maladresse,
Leur montrer ta détresse.

Si ton cœur s'assombrit,
Si ton âme se tord,
Il faudra à tout prix,
Que tu t'accroches encore.

Avec amour et douceur,
Leur avouer ta douleur,
Sans haine et sans peur,
Leur montrer ton cœur.

NOUS

Nous,
Nous ne sommes pas d'ici
Ni de là-bas.
Nous,
Nous avons grandi
Loin de tout ça.

Nous,
Nous n'avons pas connu
Les bombes.
Nous,
Nous n'avons rien vu
De cette hécatombe.

Nous,
Nous ne sommes pas d'ici.

Nous,
Nous avons grandi.

Loin de la guerre, loin des soldats.
Sans trop de misère et de dégâts.

ECORCHEE

Ma terre est écorchée,
Mon cœur est saturé,
Je vis dans un monde sans possibilité.
Le soleil synthétique me prive de liberté.
Que veux dire s'envoler quand on est enfermé ?
Je rêve de m'évader
Mais dehors on suffoque, on crie, on meurt.
La vie est plus douce à l'intérieur.
Dans ce monde fabriqué,
Que veux dire vivre quand on est enterré ?
Je suis prisonnière,
Des erreurs de mes pères,
Enfermée dans un monde coloré.
privé d'oxygène,
Je vis sous terre, enfermée,
Je manque d'air,
Je vais crever.

ON ETAIT DES ENFANTS

On regardait les trains passer,
Assis dans le jardin,
Et quand le soir arrivait,
On se disait à demain.
Notre monde été coloré,
Alors on ne s' inquiétait pas,
De ce qui pourrait arriver,
On était loin de tout ça,

On était des enfants,
Insouciants, on riait, on jouait
A faire les grands.

On allait jouer dans le bosquet,
Avec un sacré scénario,
Digne de passer à la télé,
Et d'égaler DiCaprio.
Notre monde était façonné,
Alors on ne s'inquiétait pas,
De ce qui allait arriver,
On était loin de tout ça.

On était des enfants,
Insouciants, on riait, on jouait,
A faire les grands.

On avait nos petit secrets,
Des endroits où l'on se cachait,
Pendant des heures pour rêvasser,
A la vie qui nous attendait.
Notre monde était coloré,
Alors on ne s'inquiétait pas,
Et quand ce jour est arrivé,
On était loin de tout ça.

On était des enfants,
Insouciants, on riait, on jouait
A faire les grands.

On ne voit plus les trains passer,
Notre bosquet a disparu,
Ce n'est qu'une plaine rasée,
Juste un cimetière d'obus...

On était des enfants...

VIVRE EN ASPHYXIE

Je ne suis pas encore né,
J'entends déjà le monde hurler,
Il est à l'agonie.
Je ne suis pas encore né,
Mais j'ai du mal à respirer,
Vais-je vivre en Asphyxie ?

Est-ce que tu comptes sur moi ?
Est-ce que tu compte sur nous ?
Je ne suis pas encore là,
Ton plan est complètement fou.

Est-ce que ça vaut la peine ?
Est-ce que ça vaut le coup ?
Est-ce que j'en vaux la peine ?
Je ne suis pas né, après tout.

La terre tremble, qu'est-ce que tu fais ?
Qu'attends-tu pour agir ?
Dis leur qu'ensemble, vous seriez
plus fort pour la guérir
La terre hurle, qu'est-ce que t'attends
Pour faire la différence?
Qu'elle brûle ou qu'elle se fende
Pour lui laisser une chance?

Est-ce que je vais devoir
vivre en Asphyxie?
Est-ce qu'il fera noir
Dans ce nouveau pays?

Est-ce que je vais devoir
Vivre en Asphyxie?
Est-ce que j'aurais l'espoir
De quitter ce pays?